Nahrung für die Seele

Rudolf Riedl

Erfolgreich tagträumen

Nahrung für die Seele

Rudolf Riedl

ERFOLGREICH
TAGTRÄUMEN

 **Bauer**

Verlag Hermann Bauer
Freiburg im Breisgau

Die Deutsche Bibliothek – CIP-Einheitsaufnahme

Ein Titeldatensatz für diese Publikation ist bei
Der Deutschen Bibliothek erhältlich

Herausgegeben von Richard Reschika

1. Auflage 2002
ISBN 3-7626-0861-X
© 2002 by Verlag Hermann Bauer GmbH & Co. KG,
Freiburg i. Br.
www.hermann-bauer.de
Einband: Ralph Höllrigl, Freiburg i. Br., unter Verwendung
einer Vorlage von Marketing Design Service GmbH,
Hamburg
Gesamtherstellung: fgb · freiburger graphische betriebe
www.fgb.de
Printed in Germany

Inhalt

1. Willkommen im Land deiner Kraft und
   Fantasie   7
2. Was sind Tagträume?   11
3. Tagträume und Alltagsrealität   26
4. Zeitliche und räumliche Bedingungen
   für deine Tagträume   46
5. Mentale Voraussetzungen für deine
   Tagträume   63
6. Plan deine Tagträume   81
7. Die Praxis erfüllender
   Tagträume   91
8. Wenn Probleme in deinem Tagtraum
   auftauchen   95

9. Beispiele für verschiedene
   Tagtraumarten 99
10. Tagträume – der Weg in dein
    persönliches Paradies 108

Quellennachweis 111

1. Willkommen im Land deiner Kraft und Fantasie

Du magst dieses kribbelnde Gefühl freudiger Erwartung – in Urlaub willst du gehen, in ein Land voller Kraft spendender Orte, unschätzbarer Reichtümer und liebevoller Wesen. Schätze in Form außergewöhnlicher Erfahrungen willst du von deiner Reise mitbringen, um damit deinen Alltag zu bereichern: wertvolle Entscheidungshilfen, geheimes Wissen, Ratschläge für die Pflege deiner Gesundheit, einmalige Erlebnisse voller Zärtlichkeit, Trost, Heilung und Kraft.

In Gedanken gehst du noch einmal

deine Reisevorbereitungen durch: Du legst dich hin, entspannst dich, machst dich frei von allen dich bedrängenden Sorgen und schließt die Tür zu deinem Alltag. Dann öffnest du weit das Tor in das Land deiner Fantasie: *Du spazierst über blumenübersäte Frühlingswiesen, benetzt deine Hände im heilenden Nass eines geheimnisvollen Waldbächleins, holst dir Rat bei dem allwissenden Druiden im Schatten der alten Eichen, kuschelst dich voll Vertrauen und Zuversicht an dein Traumtier ...*

Das Land, in das dich dein Urlaub für die Seele führt, ist ganz nah. Es beginnt gleich hinter deinem Alltag.

Komm mit mir auf eine spannende Reise in eine Welt, in der *du* die Hauptrolle spielst, in eine Welt voller Kraft und Ideen, die dir so unendlich nah ist, aber in die du bisher nur hin und wieder in deinen Träumen, Hoffnungen und Wünschen einen vagen Blick werfen durftest. Tagträumen umfasst das ganze Spektrum deiner Vorstellungskraft – angefangen mit Übungen, die nebenbei ausgeführt werden können, wie zum Beispiel das Laufenlassen der Gedanken während eines Spazierganges im Wald, über die Suche nach Antworten auf Fragen des Alltags bis hin zu den Träumen, mit denen sich ganze Handlungspläne für das reale Leben austesten lassen.

Die Fähigkeit zu bewusstem Tagträumen wird dein Leben verändern – zu mehr Freude, Glück, Gesundheit, Liebe und Erfolg.

Du hältst den Schlüssel zu der fantastischen Welt, die es für dich je geben kann, und zur Tür zu einem erfüllenden Dasein bereits jetzt in deinen Händen. Benutz ihn! *Jetzt!* Du kannst *jetzt* bereits tagträumen. Allerdings musst du deine Tagtraumfähigkeit noch kultivieren. Die Grundlagen hierfür findest du in diesem Büchlein.

2. Was sind Tagträume?

Tagträume im Sinne dieses Büchleins erwecken deine Fantasien zum Leben. Es sind nicht bloße Gedankenspiele, die du in Form netter Geschichten aufführen wirst. Tagträume, so wie du sie in den folgenden Seiten kennen lernst, beziehen deine gesamte Persönlichkeit ein, dein gesamtes Sinnesempfinden, deine Gefühle und vor allem dein klares Bewusstsein.

Tagträume bilden eine Brücke zwischen der Welt deines Alltags und den unerschöpflichen Quellen deiner Fantasie. Sie verbinden die reale Welt, in der du täglich handelnd dein Leben bestreitest, mit der Welt, in der Deine Wünsche und Sehnsüchte, aber auch deine Kräfte und Fähigkeiten bereitliegen.

Tagträume sind ein leicht zu öffnender Zugang in deine innere Welt.

Wenn du tagträumst, dann bist du vollkommen bewusst. Bei sehr tiefen und klaren Tagträumen sieht es so aus, als ob dein Körper schlafen würde, obwohl du in deinem Tagtraum über eine blumenübersäte Bergwiese läufst, deine Hände in das klare Wasser eines Bergbaches tauchst und dich durch und durch glücklich fühlst. Aber es gibt auch Tagträume während ganz normaler alltäglicher Routine, beispielsweise während der Busfahrt zur Arbeit, bei der Morgentoilette, bei einem wohlig war-

men Bad bei Kerzenschein oder im Liege-
stuhl auf deiner Terrasse bei einer Tasse
Kaffee. Solche Tagträume bezeichne ich
als »leicht« und »oberflächlich«, denn
deine jeweilige Alltagsbeschäftigung ist in
deinem Denken und Erleben anwesend
und lässt keine tieferen Tagträume zu, in
denen du beispielsweise nicht mehr auf
die Lage deines Körpers und auf das har-
monische Zusammenspiel deiner Muskeln
zu achten brauchst.

Das Spektrum der Tagtraumformen ist
daher sehr groß. Es reicht von angeneh-
men Vorstellungen, die nicht weiter dein
Alltagshandeln stören, aber dem Tagesab-
lauf eine erfreuliche Note verleihen, über
Tagträume, die helfen Probleme zu lösen,
gesund zu bleiben und Erfolg im Leben zu

haben, bis hin zu den tiefen Tagträumen, die dich in andere Welten führen, während dein Körper scheinbar schlafend im Bett liegt.

Tagträume sind in Wünsche verpackte Ausdrucksformen deines inneren Selbst. In Tagträumen erlebst du, was du dir zu erleben wünschst. Aufgrund eines Wunsches oder eines Bedürfnisses formst du in Gedanken Situationen und Geschehensabläufe, die du mit Sinneserlebnissen einfärbst, so wie ein Maler ein Bleistiftskizze mit einigen Pinselstrichen in bunte Farben taucht: du in einem gesunden leistungsfähigen Körper, du als Leiter einer großen Firma, du bei der eleganten Lösung eines drängenden Problems, du in einer liebevollen Umarmung, du als glänzender Mittelpunkt eines rauschenden Festes. Tagträume tragen in sich die Keime neuer Ziele, versorgen dich mit nicht zu bändigendem Lebenswillen und durchziehen so dein Leben mit einem Netz freudiger Erwartungen und robuster Lebenskonzepte.

Mit unseren Tagträumen dringen wir in Bereiche unserer Existenz vor, in denen unsere Wünsche und unser Wollen regieren. Wünsche können gewaltige Kräfte freisetzen. Diese Kräfte wollen wir nutzen. Wir wollen Traumwelten erschaffen, in denen wir uns frei bewegen und unser Verlangen nach Liebe, Glück, Zärtlichkeit, Erholung, Stille, Vergebung und Heilsein uneingeschränkt zugeben können. Wir wollen spüren, wie erfüllt unser

Leben sein kann. Dieses Wissen wollen wir mit in unseren Alltag nehmen. Es wird uns helfen, unser Leben sinnvoll zu gestalten, Fehler zu vermeiden und Erfolg zu haben. Tagträume sind daher ein ausgezeichnetes Übungsfeld für Erfolgsstrategien. In deinen Tagträumen kannst du Probe handeln. Du kannst vor dem Hintergrund deines gesamten Wissensvorrates erleben, wie sich deine Pläne in die Tat umsetzen lassen, welche Schwierigkeiten sich dir in den Weg stellen könnten, wo du Schwächen hast und wo deine Stärken liegen. Damit ist Tagträumen weitaus mehr als bloßes Nachdenken. Zwar kann sich dein Lebensalltag anders entwickeln, als du es dir in deinen Tagträumen ausgemalt hast, denn Leben ist immer überraschend und immer neu. Jedoch schenken dir Tagträume neben einer in sich stimmigen Lebensstrategie auch ein Stück Lebenssicherheit – und das fördert deine Entschlusskraft. All das wirkt der Stagnation entgegen.

Sozialpsychologische Untersuchungen haben gezeigt, dass es gerade die Unverbindlichkeit von Fantasien ist, die den Genuss von Luftschlössern erhöht. Auch unsere Tagträume sind ja zunächst unverbindlich. Wenn wir uns vorstellen, wie schön es wäre, jetzt im weißen Sand zu liegen und dem Rauschen der Wellen zuzuhören, dann ist dieser Zustand nicht gleichbedeutend mit dem Entschluss, jetzt aufzustehen und eine Reise in die Südsee zu buchen (obwohl es manchmal auch schnelle Entschlüsse gibt). Die Unverbindlichkeit unserer Tagträume ist vielmehr der Nährboden, auf dem unsere ureigensten Wünsche reifen können, ohne sofort mit dem scharfen Messer eines »Nein!«, eines »Geht-Nicht!« oder eines »Nicht-zu-Verwirklichen« abgeschnitten zu werden. Unser Tagträumen, im Sinne eines unverbindlichen Austestens, ist somit ein wichtiges Bindeglied zwischen den unvoreingenommenen Wünschen unserer mentalen Welt und dem in die Alltagswirklichkeit gerichteten Handeln. Tagträume verbinden uns mit unserem Urgrund an »glücklich sein« und »sich freuen«. Wer keine Tagträume mehr hat, dessen Wünsche und Freuden können sich nicht mehr in Plänen ausdrücken.

Und Pläne, die nicht auf freudig erwarteten Zielen aufbauen, sind nichts weiter als bloße Ideenhülsen, ohne Chance auf entschlossene Verwirklichung. Tagträumen gibt deinem Leben eine bezaubernde innovative Note – und hält dich auf der Siegerstraße.

Wie du mit Tagträumen dein Leben bereicherst

Lass dich einladen zu einem Besuch in eine fantastische Welt. In deinen Tagträumen kannst du all das erleben, was du dir zu erleben wünschst – mit klaren Sinnen und voll bewusst. Deine Tagtraumwelt ist die Welt deiner Wünsche, deines Wissens, deiner Hoffnungen und des Sieges über deine Ängste. Tagtrauminhalte sind jedoch weit mehr als bloße Spielereien deiner Fantasie. Tagträume sind Elemente einer aktiven Lebenshilfe:

● Tagträume schenken dir Kraft und Motivation zur Verwirklichung deiner Ziele. Sie bauen eine Erwartungshaltung der kribbelnden Vorfreude auf. Sie zeigen dir alle erdenklichen Lebensziele mit einer Deutlichkeit und Anschaulichkeit, wie sie inmitten der Ablenkungen und Sorgen deines Lebensalltags nicht möglich wären. Die Vorfreude aus deinen Tagträumen gibt dir die Energie zur Realisierung deiner neuen Vorhaben, denn wenn du in deinen Tagträumen Gefallen an einer Situation findest, dann möchtest du sie natürlich auch in deiner Alltagswelt erleben.

- Tagträume eignen sich hervorragend zur strategischen Lebensplanung. Wenn du tagträumst, dann denkst du nicht nur nach, sondern du erlebst mit allen deinen Sinnen. In deinen Tagträumen bist du der vorgestellten Situation sehr nahe. Auf diese Weise entdeckst du Gesichtspunkte, die dir bei bloßem Nachdenken verborgen geblieben wären. Du nimmst in deinen Tagträumen eine Perspektive ein, die dem Erleben der realen Welt ähnelt. Wie bei einer Generalprobe kannst du deine Verhaltensweisen und Strategien auf dem Spielfeld deiner Tagträume testen und die gewonnene Erfahrung in deine Alltags- und Lebensplanung einfließen lassen.

- Tagträume sind ein effektiver Weg zur Änderung eingefahrener Routine. Mit Tagträumen lassen sich Ängste abbauen, das Gesundheitsverhalten ändern und die soziale Kompetenz steigern. Als begleitende Maßnahme zur Raucherentwöhnung haben sich Tagträume bereits bei vielen Menschen hervorragend bewährt. Durchforste in deinen Tagträumen die Sinnhaftigkeit deiner Morgenroutine, lern eine neue Schrittfolge beim Tanzen, beweis dir, dass du anderen Menschen beim Rauchen zusehen kannst, ohne selbst rauchen zu müssen, erleb, dass du in ein

Flugzeug steigen kannst, ohne Flugangst zu spüren.

- Eine ganz besondere Rolle spielen Tagträume bei der Verarbeitung unangenehmer Erlebnisse, die auf der Seele lasten. Weil deine Tagträume nur dir gehören, kannst du in ihnen all die tiefen urprivaten Wünsche, Sehnsüchte und Begierden zugeben, die du nie jemandem erzählen würdest. Also beichte deine Sünden deinem persönlichen Traumtier, wein dich zwischen den Wurzeln deines Beschützerbaums aus. Tagträume lassen dich in die Tiefe deiner Seele schauen.

- Darüber hinaus sind Tagträume ein ideales Mittel zur Entspannung. Lass mitten in deinem Alltag deine Probleme für einige Minuten ruhen, und begib dich in Gedanken auf deine Urlaubsinsel. Lass abends nach deiner Arbeit deine Seele bei einem Spaziergang durch einen sommerlich üppigen Regenwald baumeln. Mit deinen Tagträumen kannst du mitten im Arbeitstag deine Probleme für einige Zeit vergessen, um sie dann mit neuen Kräften und umso erfolgversprechender wieder anzupacken.

- Zudem sind Tagträume ein Ventil für sehnliche, aber unerfüllbare Wünsche. So kannst du in deinen Tagträumen mit Kolumbus Amerika entdecken, deinen Fuß auf fremde Planeten setzen oder mit einem begehrten, aber unerreichbaren Menschen einen Abend verbringen. Du wirst den langen, grauen und trüben mitteleuropäischen Winter viel leichter ertragen, wenn du einige Male in der Woche in der Mittagsglut des feinen weißen Korallensandes liegen und dir von den salzigen Meereswogen deinen entspannten Körper benetzen lassen kannst. Und du hältst dem Stress deines Arbeitstags viel leichter stand, wenn du dich auf deinen allabendlichen Besuch in deiner bunten, spannenden, erotischen und Kraft schenkenden Tagtraumwelt freuen kannst. Ein Ausleben dieser Wünsche im Rahmen deiner Tagträume macht nicht nur Freude und erhält deine Lebenszufriedenheit, sondern hält dir auch den Rücken frei für die Erledigungen des Alltags.

3. Tagträume und Alltagsrealität

Wenn du deine Tagträume einsetzen willst, um daraus Vorteile und Nutzen für deinen Alltag zu ziehen, dann musst du wissen, was deinem Alltag fehlt. Dir muss klar sein, was du in deinem Leben erreichen willst und wie du es erreichen kannst.

Öffne die Schatzkammer deiner Wünsche. Nur du allein kannst es!

Nur *deine* Bedürfnisse zeigen dir, was du wirklich brauchst. Sie werden dir auch den Weg zu deinen Tagtrauminhalten weisen. Orientier dich an dieser Erkenntnis, wenn du an die Aufstellung deiner Tagtraumwünsche gehst, denn keiner kennt dich so gut wie du.

Finde deine Tagtraumwünsche

Tagträume sind personenzentriert, das heißt, jeder Mensch kann nur seine eigenen Tagträume erleben, und es gibt keine Tagträume ohne Tagträumer. Doch wie gelangt der Tagträumer an seine Tagtraumthemen? Die Antwort auf diese Frage liegt im Aufbau des persönlichen Wissensvorrates des Tagträumers. Im Laufe deines Lebens warst du den verschiedensten Einflüssen ausgesetzt. Du hattest Erlebnisse mit den unterschiedlichsten thematischen Schwerpunkten. Daraus ergibt sich eine Vielzahl unterschiedlicher Aufschichtungen deines persönlichen Wissensvorrats. Du hast eine Vielzahl von Werten kennen gelernt, die unterschiedlichsten Wünsche entwickelt und die verschiedenartigsten Ziele angestrebt.

Innerhalb dieses Schatzes an Wünschen, Werten und Zielen kam es zu Strukturen der Über-, Unter- und Nebenordnung. Du hast Wunsch- und Werthierarchien aufgebaut und Wünsche gebündelt: Du weißt, was dir wichtig ist, du kennst deine Vorlieben, und du hast eine Reihe von Sympathien und Antipathien, Bedürfnissen, Leidenschaften, Begierden und Begehren entwickelt. Du weißt, was dein Herz vor Freude zum Rasen bringt, was dich mit Abscheu erfüllt und was in dir das Gefühl tödlicher Langeweile erzeugt. Gerade extreme Gefühle zeigen, dass du mit einem Thema viel verbindest, dass für dich mehr an dem Thema dran ist.

Diese Hierarchie deiner Wünsche ist allerdings in hohem Maße außengesteuert. Sie ist durchsetzt von den Vorstellungen der Personen, mit denen du dein bisheriges Leben geteilt hast. Seit deiner Geburt bist du mit anderen Menschen zusammen: Eltern, Lehrern, Partnern, Kollegen – immer nimmst du Wissen von deiner sozialen Umwelt auf. Mit diesem Wissen lernst du auch eine große Anzahl unterschiedlicher Werte und Ziele anderer Menschen kennen. Ist es da verwunderlich, wenn auch deine *Wünsche* stark von den Vorstellungen der Gesellschaft, in der du lebst, von Elternhaus und Schule geprägt sind?

Doch nicht all deine Begehren, Sehnsüchte und Begierden lassen sich auf die Gesellschaft, in der du lebst, zurückführen. Neben Wünschen, die dir anerzogen wurden, gibt es auch solche, die ursprünglich von dir stammen. Bei anerzogenen Wünschen handelt es sich meist um sozial erwünschtes Verhalten, wie etwa Sauberkeit, Ehrlichkeit, Fleiß, Wahrhaftigkeit, Unterwürfigkeit unter soziale Normen, aber auch Konflikt- und Kommunikationsfähigkeit. Dieses Verhalten kannst du natürlich in deinem Tagtraumerleben zeigen. Jedoch hast du für seine Verwirklichung auch in deinem Lebensalltag genügend Gelegenheit. Dagegen beruhen Wünsche, die Deinen *ursprünglichen* Werten und Zielen entstammen, meist auf einem ganz bestimmten Mangelerlebnis. Beispiele hierfür sind der Hunger nach Erfolg, das Bedürfnis nach Gesundheit, das Sehnen nach Liebe, Wärme, Geborgenheit, nach einem Menschen, den man ohne Wenn und Aber in den Arm nehmen kann, nach Glück und Glückseligkeit und der Überwindung der Trauer um den Verlust eines geliebten Menschen. Manchmal ist es schwer, anerzogene und ursprüngliche Wünsche, Werte und Ziele zu trennen.

Bis jetzt gab es für dich nur zwei Wege, um mit Werten und Zielen, die auf einem

Mangelerlebnis beruhten, umzugehen. Du konntest versuchen, im Rahmen deines Handelns dieses Mangelerlebnis zu beseitigen: also mehr Geld verdienen, den passenden Lebenspartner finden oder einfach den Traumurlaub buchen. Wenn dies nicht möglich war, etwa weil du in deiner Situation gar keinen Weg gesehen hast, mehr Geld zu verdienen oder deinen Traumpartner zu finden, blieb nur die Möglichkeit, dich mit deiner Lage abzufinden. Das ist ganz schön frustrierend und führt zu einer Reihe von Ausweichverhalten wie Alkoholismus, Aggressivität und Depression. Die Lebensfreude schwindet.

Jetzt gibt es für dich wieder Hoffnung: die fürsorgliche Pflege deiner Wünsche im Rahmen glückselig machender Tagträume, ihre Verwandlung in Strategien und der Test dieser Strategien im Land deiner Fantasie. Wenn du herausbekommen willst, was dich tief in deinem Innern so richtig glücklich macht, dann such deine eigentlichen Wünsche auch im Rahmen deines Tagtraumerlebens. Erleb, wie dein Leben aussehen könnte, wenn du das Ziel erreicht hast. Frag deinen allwissenden Druiden nach der richtigen Taktik, hol dir Trost bei deinem herzensguten Traumtier.

Doch was sind deine eigentlichen Wünsche? Du findest deine eigentlichen Wünsche über die gefühlsmäßige Bewertung deiner Lebenswelt: Gibt es etwas, das du gerne tun würdest? Lass die Gedanken an die Oberfläche kommen, die sonst nur im Hintergrund deines Denkens oder deines Alltagserlebens herumschwirren. Lern, dir zuzuhören.

Stell dir folgende Fragen:

- Was macht mich glücklich?
- Was bereitet mir bereits seit langem Freude?
- Was würde ich gerne erleben?
- Was macht mir absolut keinen Spaß?
- Worüber ärgere ich mich bereits seit langem?
- Was möchte ich nie erleben?

Die vorurteilslose Suche nach den eigenen Wünschen ist gar nicht so schwer. Lass alle Wünsche zu. Auch die, die du niemandem erzählen würdest, derentwegen du dich schämen würdest und die du für gemein, schwach, blöd, kindisch oder verlogen hältst. Achte nicht darauf, ob sie sich in deinem Leben verwirklichen lassen. Achte nicht einmal darauf, ob sie sich in dieser Gesellschaft, in diesem Land, in dieser Welt verwirklichen lassen.

Erstell deine Tagtraumwunschliste

Nimm dir Zeit für die Suche nach deinen eigentlichen Wünschen, Begehren und Begierden. Bei einer Tasse Tee kannst du unendlich viele Facetten deiner höchst privaten Bedürfnisse und Wünsche zutage fördern.

Such dir einen Ort, an dem du relativ ungestört bist. Nimm zwei Blatt Papier. Auf ein Blatt malst du ein großes + (Plus) und auf das andere ein großes − (Minus). Denk zunächst nicht an deine aktuellen Alltagssorgen. Nimm dir vor, alles aufzuschreiben, was dir in den Sinn kommt. Schreib aber nichts auf, von dem du glaubst, dass du es schreiben müsstest. Es ist niemand da, der dir über die Schulter blickt.

- Nun überleg dir, was in deiner Umwelt dich mittel- und langfristig mit positiven Gefühlen erfüllt. Schreib auf das Blatt Papier mit dem + alle Dinge, die dir positive Gefühle bereiten. Dann überleg dir, was dich mit negativen Gefühlen erfüllt. Schreib auf das Blatt mit dem – alle Dinge, mit denen du negative Gefühle verbindest. Du kannst aufschreiben, was dir in den Sinn kommt: Dinge, Personen, Situationen, Farben, Pflanzen, Musik, Romanfiguren. Bei der Erstellung der Positivliste kannst du dich beispielsweise fragen: »Was ist für mich das Allerwichtigste?« »Was macht mir so richtig Freude?« »Was wollte ich schon lange einmal tun?« Schreib alles auf. Beschränk dich nicht. Lass alles zu. Es geht um dein privates Vorhaben. Achte weder auf die Wertigkeit noch auf die Reihenfolge der aufgezählten Punkte. Du bestimmst, wann es genug ist. Lass dir Zeit.

- Betrachte nun die positive Strichpunktliste. Hast du ein gutes Gefühl? Spürst du dich ruhiger werden? Fühlst du gar eine angenehme Gänsehaut auf deinem Rücken? Dann sind diese Punkte gut für dich. Oder fühlst du dich überfordert, vielleicht getrieben wie im Alltagsleben? All die Stress bereitenden, negativen, langweiligen oder schmerzhaften Erlebnisse gehören auf die Negativliste. Schreib niemals deine Alltagsaufgaben auf deine Positivliste, selbst wenn du dich ihnen noch so verpflichtet fühlst. Das würde nur die Sisyphusarbeit deines Alltagslebens in deine Tagtraumhandlung kopieren. Wichtig ist, dass du nur nach deinem Gefühl urteilst. Lass keine rationalen Begründungen zu, und überleg dir keine Bedeutungen oder Sinnzusammenhänge. All das spielt in den Gefilden deiner Tagträume sowieso keine Rolle mehr, weil *du* allein es bist, der dort Sinn- und Kausalbeziehungen herstellt.

- Wiederhol den ganzen Vorgang zur Wunscherfüllung an verschiedenen Tagen, zu verschiedenen Tageszeiten, am Wochenende, während der Arbeitspause. Du bist nicht immer gleich gut gelaunt. Nimm dir für die Aufstellung deiner Tagtraumwünsche so viel Zeit wie möglich.

Bewerte deine Tagtraumwünsche

Wenn dir keine neuen Punkte mehr für deine beiden Listen einfallen, dann kannst du mit der Auswertung beginnen.

- Weiterarbeiten wirst du allein mit der Positivliste (+). Die Negativliste (-) dient lediglich dem Vergleich mit der Positivliste. Hierzu streiche bitte diejenigen Punkte weg, die auf beiden Listen stehen. Ihre Aufführung sowohl auf der Positivliste als auch auf der Negativliste macht sie für die Bewertung deiner Tagtraumwünsche unbrauchbar.
- Als Nächstes formst du die auf der Negativliste verbliebenen Punkte in ihr Gegenteil um. Aus »Stress bei der Ar-

beit« wird so beispielsweise »Freude am Erfolg«, aus »die unsympathische Kollegin« wird »meine liebenswerte Bekannte«. Dreh deine negativen Stichpunkte einfach um. Betrachte die Kehrseite. Beachte, dass du es bist, der bestimmt, was das Gegenteil deiner negativen Gefühle, deiner Befürchtungen, deiner Sorgen und Ängste ist. Richte dich hierbei nicht nach der Meinung deiner Umwelt, such nicht in Büchern. Und wenn du der Meinung bist, dass »blau« das Gegenteil von »schwarz« ist, dann hast du im Reich deiner Tagträume recht. Auf diese Weise wandelst du alle Punkte deiner Negativliste in Positiva um. Übertrag sie auf deine Positivliste. Dann solltest du die Negativliste vernichten! Von den Punkten, die jetzt doppelt oder mehrfach auf deiner Positivliste stehen, streich die jeweils weiter unten stehenden wieder weg.

- Du hast nun eine Liste mit Stichpunkten vor dir, die eine Reihe von Dingen, Personen oder Zuständen bezeichnen, die du dir wünschst oder mit denen du eine positive Empfindung verbindest. Als Nächstes forme alle Stichpunkte in Situationsbeschreibungen um. Du solltest also nicht den Punkt »Urlaub« stehen lassen, sondern du musst ihn in eine konkrete Situation verpacken. »Urlaub in der Karibik, um eine Woche zu baden und zu entspannen« ist beispielsweise die Beschreibung einer konkreten Situation. Verwandle so alle nackten

Stichpunkte in Situationsbeschreibungen.

- Auf deiner Positivliste sollte nun eine Reihe von Wunschsituationen stehen, die du gerne erleben möchtest, die du aber so in deinem jetzigen Alltag nicht erleben kannst oder nicht erleben darfst: einen erfüllenden Beruf ausüben, absolut gesund sein, eine Reise um die Welt antreten, im sonnigen Süden ein Hotel eröffnen ... Wenn du das Gefühl hast, dass dich deine Wünsche überfordern, dann versuch ruhig einmal so *zu tun,* als ob sie bereits realisiert wären.

- Jetzt liest du deine Wunschliste durch. Welcher Punkt gefällt dir besonders gut? Gibt es Gemeinsamkeiten zwischen den Begriffen? Stell Begriffsgruppen und Zuordnungen her. Sortier die Punkte deiner Positivliste nach Wichtigkeit und Dringlichkeit. Du hast nun ein grobes Raster von positiven Situationen vor dir, die sich als Themen für erfüllende Tagträume eignen. Liste sie noch einmal durch. Falls du das Gefühl hast, dass sie deine Wünsche nicht exakt wiedergeben, dann warst du möglicherweise ganz zu Beginn bei der Auflistung deiner Wünsche nicht offen und ehrlich genug. Bitte wiederhol dann den ganzen Vorgang deiner Wunschfindung noch einmal.

Erzähl von deinen Tagträumen nur Menschen, denen du vertrauen kannst. Wem du persönliche Dinge erzählen würdest,

mit dem kannst du auch über deine Tagtraumerlebnisse reden. Eine Person des
Vertrauens zu haben, mit der du dich über
deine Tagträume austauschen kannst, ist
dann von Vorteil, wenn du dich in deinen
Tagträumen aufwühlenden Inhalten ge-
genübersiehst oder dich gerade psychisch
labil fühlst.

4. Zeitliche und räumliche Bedingungen für deine Tagträume

Wenn du eine Reise zu den Inseln des Glücks für sinnvoll hältst, dann musst du auch entsprechend Zeit für sie einplanen.

Am wenigsten verplant ist für die meisten Menschen die Zeit vor dem Schlafengehen. Wenn du abends auf deine Tagtraumreise gehen willst, dann solltest du zunächst eine Stunde für deine Tagtraumübungen einplanen. Eine andere gute Zeit für Tagtraumerlebnisse ist die Mittagspause und die erste Stunde früh am Morgen nach dem Aufwachen. Je nach Arbeitsbelastung, Arbeitsrhythmus, der

Strenge oder Anspannung deines Tagesplans und der Anwesenheit von Menschen in deiner Nähe, kannst du auch andere Tageszeiten für deine Tagtraumerlebnisse finden.

Nun musst du nur noch an *diesen* Stellen deines Tagesplans Platz schaffen für deine Reise in die Tagtraumwelt. Dazu kannst du der bereits bestehenden Routine entweder einen anderen Ort in deinem Tagesplan zuweisen (zum Beispiel Duschen und Zähne putzen eine Stunde früher) oder sie ganz aus deinem Tagesplan streichen (zum Beispiel von 22 Uhr bis 23 Uhr nicht mehr fernsehen).

Für kurze Tagtraumreisen ist jedoch fast immer und überall Zeit und Gelegenheit: während der Fahrt mit dem Bus, für einige Minuten auf dem Bürostuhl, ja selbst im Wartezimmer des Arztes. Wirklich ausgiebige Tagtraumreisen wirst du jedoch nur durchführen können, wenn du für eine oder mehrere Stunden ungestört bist. Das sind gewöhnlich die Zeiten außerhalb deines normalen Tagesablaufs. Auf keinen Fall aber solltest du deine reguläre Schlafenszeit beschneiden.

Nimm dir Zeit für deine Tagträume. Weis ihnen einen festen Platz in deinem Tages- und Lebensplan zu. Denk nicht, wenn du jetzt keine Zeit für dich hast, dass sich das irgendwann einmal ändern wird. Nach dem Studium vielleicht? Oder wenn die Kinder groß sind? Wirklich freie Zeit kommt nicht von selbst. Du musst dir schon Zeiten für deine Tagträume vornehmen und diese fest in deinen Lebensalltag einplanen.

Sich Auszeiten schaffen

Nachdem du für deine Tagtraumexkursionen einen festen Platz in deinem Zeitplan vorgesehen und alle früher in dieser Zeiteinheit gelegenen Routinetätigkeiten entweder beendet oder in andere Zeitbereiche deines Tagesablaufs verlegt hast, kannst du darangehen, deine Tagtraumzeiten mit Inhalt zu füllen. Zuvor jedoch solltest du sicherstellen, dass du keine Alltagssorgen mit in das Land deiner Fantasie nimmst, denn sie würden dich von deinen Tagträumen ablenken. Löse dich also von den Problemen, Verpflichtungen, Vorhaben und Routinetätigkeiten deiner Alltagswelt mitsamt all den Sorgen, die du hast, all den Gefühlen, Ängsten, Bedenken, dem Leid, der Enge und Aussichtslosigkeit. Während deiner Tagtraumzeit darf dein gewohntes Leben für dich keine Rolle mehr spielen. Die Sorgen deines Alltags sind für die Zeit deines Besuchs im Land deiner Wünsche nur dann von Bedeutung, wenn du sie bewusst thematisierst, zum Beispiel, weil du nach der Antwort auf eine Frage suchst.

Mit dem Loslösen von deinen alltäglichen Sorgen und Problemen befindest du dich außerhalb der Zeit deines gewohnten Lebens. Darum nenne ich die Episode deiner Tagtraumzeit auch *Auszeit*. Die

Auszeit beginnt, nachdem du den »heiligen« Boden deines Tagtraumortes betreten hast und bevor du mit dem eigentlichen Tagtraum beginnst. Sie endet nach dem Abschluss deines Tagtraums und bevor du deinen Tagtraumort wieder verlässt.

Auszeiten weisen im Unterschied zu deinem Lebensalltag einige Besonderheiten auf. Sobald du dich innerhalb ihrer Grenzen befindest, sind alle Beschränkungen deiner Alltagswelt für dich aufgehoben. Du bist vollkommen frei von allen Regeln und Gesetzen, und du darfst und kannst alles tun und lassen, was auch immer dir in den Sinn kommt. Während der Auszeiten darf deine innere Quelle der Kraft und Fantasie frei von jeglicher Beschränkung reichhaltig sprudeln. Auszeiten zentrieren dein Erleben auf deine Tagtraumwelt. Durch das Ausgrenzen deines Alltags überschreitest du die Grenze zwischen Alltags- und Tagtraumwelt und hinter der Grenze beginnt dein Paradies.

Während deiner Auszeit befindest du dich an deinem Tagtraumort. Du nimmst die Stellung ein, in der du deine Tagtraumreisen genießen willst. Meist wirst du liegen, manchmal vielleicht auch aufrecht sitzen oder es dir mit verschränkten Beinen und abgestütztem Oberkörper in einem Sessel bequem machen. Auf alle Fälle sollte die Stellung oder Lage deines Körpers so bequem sein, dass du ein bis zwei Stunden verweilen kannst, ohne von unangenehmen Gefühlen gestört zu werden. Deine Kleidung sollte der Raumtemperatur angepasst sein, sodass du weder schwitzt noch frierst. Du nimmst dann die ideale Lage ein, wenn du an deinem Körper nichts mehr als störend wahrnimmst.

Wie sollte ein persönlicher Tagtraumort aussehen?

- Als Tagtraumort eignet sich das eigene Zimmer, der Teil eines Zimmers, und, wenn nicht anders möglich, sogar nur ein Sofa oder gar ein Wohnwagen. Am idealsten wäre eine eigene kleine Wohnung. Wenn du allein lebst und nicht viel Besuch hast, dann kannst du aus deiner ganzen Wohnung einen Tagtraumwohlfühlort machen. Unabhängig davon, wie groß dein Tagtraumort ist, solltest du dich darin absolut wohl fühlen können. Wähl also nur solche Orte aus, an denen du dich geborgen fühlst und entspannen kannst.

- Statte deinen Tagtraumort mit Symbolen aus, die dir helfen, Tagträume zu bewirken. Das kann ein Bild an der Wand sein, das dich an deinen Lieblingsstrand erinnert. Vielleicht ist auch eine brennende Kerze für dich ein tagtraumerleichternder Aspekt.

- Die richtige Beschallung kann deinen Wohlfühlort zu einem wahren Vorgarten deines Tagtraums machen. Das passende Klangbild, zum Beispiel Meeres-

rauschen, Wind, Vogelstimmen, über-
zieht ihn mit einem Hauch von Zau-
ber.

- Verwende in deinem Tagtraumwohl-
fühlort Farben, die dich stimulieren.
Wenn es zum Beispiel dein größter
Wunsch ist, täglich eine halbe Stunde
an einem weißen Strand im Schatten
hoher Palmen von Lagune zu Lagune
zu schlendern, dann solltest du deinen
Tagtraumwohlfühlort in Grün- und
Blautönen halten.
- Düfte können dir ein weiteres Stück
Tagtraumrealität schenken.

Beim Tagträumen steht das pure Erleben
(von Fantasien) am Anfang der Praxis. Erst
dann kommt die Steigerung seiner Deut-

lichkeit. Es ist das Besondere an der Methode unserer Reisen in die Welt der Tagträume, dass wir unsere Fähigkeiten zu realistisch-klarem Tagtraumerleben von Anfang an als gegeben betrachten. Du musst deine Tagtraumhandlungen nicht mühselig einüben. Nimm dir vor: »Ich kann es!« Zwar werden deine Empfindungen zunächst sehr schwach und undeutlich sein, aber sie sind da! Und mit der Erfahrung wird auch die Klarheit deiner Tagtraumfantasien zunehmen. Wir sind von Anfang an in der Lage, die Tagtraumhandlung zu planen, uns in unserer Tagtraumwelt zu bewegen und vieles mehr. So wie eine Person, die zum ersten Mal am Lenkrad eines Autos sitzt, das Auto starten kann, weil sie ganz einfach physisch dazu in der Lage ist, können wir von Anfang an tagträumen, weil wir psychisch dazu in der Lage sind. Und genauso, wie die Person ihre bereits vorhandenen Fähigkeiten, ein Auto zu lenken, in der Fahrschule vervollkommnet, so veredelst und kultivierst du in diesem Kurs deine Fähigkeiten tagzuträumen.

Probier es ruhig einmal aus: Begib dich an deinen Tagtraumort, setz oder leg dich bequem hin und schaff dir eine Auszeit: Verbann all deine Alltagssorgen und Probleme vor die Tür. Dann stell dir vor, dass du dich an einem tropischen Strand befindest. Sieh dich um, betrachte die Vielfalt der Grüntöne der tropischen Vegetation vor dir, setz deine Füße in den weißen Sand – Vorsicht, da liegt eine große Muschelschale! – und geh ein paar Schritte in Richtung Strand. Jetzt achte auf das regelmäßige Donnern der Wellen. Atme tief ein, und schmeck den intensiven Geruch nach Meer. Fühl die wärmende Sonne auf deiner Haut und die tiefe Zufriedenheit in deiner Brust. Atme tief durch. Du kannst es!

Nun versuch von deiner Insel des Glücks aus deinen Körper zu sehen. Kehr zu ihm zurück. Fühlst du dich wieder in ihm? Öffne die Augen. Reck und streck dich. Beende deine Auszeit, und fühl dich wieder in deiner Alltagswelt.

Die Rituale für Anfang und Ende deiner Tagträume

Um den Beginn und das Ende deiner Auszeit deutlich von deinem übrigen Alltag abzugrenzen, solltest du kurze rituelle Handlungen planen, die routinemäßig den Übergang einleiten von deiner Alltagswelt in deine Tagtraumwelt und am Ende des Tagtraumes von deiner Tagtraumwelt in deine Alltagswelt. Durch eine solche Abgrenzung zum Alltag verleihen wir unseren Auszeiten eine konkrete zeitliche Spannweite – ähnlich dem Öffnen und Schließen der Zimmertür, wenn wir ein Zimmer betreten, uns einige Zeit darin aufhalten und es dann wieder verlassen.

Unter Ritualen verstehen wir körperliche und gedachte Handlungsabläufe, die für den Ausübenden eine ganz bestimmte Bedeutung haben, das heißt, ein Ritual besteht aus einer festgelegten Folge von Handeln oder Denken (oder beidem), das mit einer ganz bestimmten Erlebensstruktur verbunden wird. Für die das Ritual vollziehende Person leitet es ein neues Erleben ein, in der Form, dass Sinneserleben ritualspezifisch eingefärbt wird. In der Praxis schaffen wir eine Beziehung zwischen unserem Ritual und unserer Erlebenswelt durch eine schlichte Festlegung (zum Beispiel wenn ich kurz meine Hände falte, beginnt für mich die Auszeit). Durch seine regelmäßige Anwendung gewinnt das Ritual an Wirkung.

Das Ritual für den Übergang aus deiner Alltagswelt in die Tagtraumwelt nenne ich das *Auszeiteingangsritual*, weil es den Eingang in die Zeit außerhalb deines gewohnten Lebens kennzeichnet. Entsprechend heißt das Ritual zwischen Tagtraum- und Alltagswelt *Auszeitendritual*, weil es das Ende der Auszeit ausdrückt. Mit deinem Auszeitendritual begibst du dich wieder in deine Alltagswelt.

Es gibt zwei Formen von Ritualen: solche, die nur in Gedanken durchgeführt werden, und solche, die auf körperlicher Ebene ablaufen. Für den Beginn und das Ende deiner Auszeit eignen sich körperlich durchführbare Rituale (zum Beispiel zweimaliges Klatschen in die Hände, dreimal mit dem rechten Fuß kreisen, kurzes

Falten der Hände). Für die Markierung der (später beschriebenen) absoluten Leere benötigst du auch Rituale auf geistiger Ebene (du stellst dir zum Beispiel etwas vor).

Führe deine Rituale einfach durch. Besonders wichtig, aber in der Praxis oft vernachlässigt oder schlicht vergessen, ist das Auszeitendritual. Achte immer darauf, dass du deine Tagträume bewusst abschließt.

5. Mentale Voraussetzungen für deine Tagträume

Alltagsbewusstsein und Tagtraumbewusstsein

Der Begriff *Bewusstsein* wird sowohl aus naturwissenschaftlicher als auch aus philosophischer und alltagssprachlicher Sicht unterschiedlich beschrieben und mit einer schillernden Vielfalt an Zuständen in Zusammenhang gebracht. Ein Teil dieser Zustände ist unmittelbar verlässlich, etwa das Wissen um den Realitätsgrad meines Erlebens, die Ausrichtung meines Körpers im Raum oder die Sicherheit darüber, beispielsweise Erinnerungen oder Vorstellungen. Wieder ein anderer Teil bewusster Zustände, wie etwa die Schlafträume, ist sehr unbeständig.

Für deine Tagträume ist das hohe Maß an »Homogenität«, an Einheit, durch das sich Bewusstsein auszeichnet, besonders wichtig. Wenn du an einem Sommermorgen auf der Veranda deiner Tagtraumvilla sitzt und den Sonnenaufgang beobachtest, dann hast du zunächst ein absolut »homogenes« Erleben, nämlich »Sonnenaufgang auf meiner Veranda«. Erst wenn du beginnst dieses Erleben in einzelne Aspekte aufzuteilen (etwa in einzelne Vogelstimmen, den Geruch nach Pflanzen, den milden Wind), geht diese Homogenität über in eine Vielfalt. Das bedeutet jedoch nicht, dass sich dein Bewusstsein aufteilt. Der Übergang in die Vielheit gleicht vielmehr einer Verschiebung deiner Aufmerksamkeit, er hat nichts zu tun mit einer Zerteilung deines Bewusstseins. Dein Bewusstsein ist unteilbar.

Doch dein Bewusstsein ist auch unteilbar in einem anderen Sinne. Du kannst nicht *so tun*, als ob du das Bewusstsein eines Erlebnisses der grünen Palme nur *hättest*. Erleben ist immer real. Das gilt unabhängig davon, ob du dich in deiner Alltagswelt oder in deiner Tagtraumwelt befindest. Wenn du die grüne Palme siehst, ihre raue faserige Rinde berührst und das Rascheln und Rauschen ihrer an den Spitzen ausgefransten Blätter über dir hörst, dann muss dir klar sein, dass du sie

– obwohl sie nicht vor dir steht – wirklich siehst, fühlst oder hörst. Sie ist Bestandteil deines Erlebens.

Für den ungestörten Verlauf deiner Tagtraumexkursionen ist es daher wichtig, dass du auch dein Tagtraumerleben als das Erleben eines realen Seins akzeptierst – nämlich als das Sein deines Tagtraums. Versuch nicht dein Erleben zu erklären, etwa in dem Sinne, dass du es auf etwas anderes zurückführst. Sobald du von der grünen Palme, die sich im tropischen Wind wiegt, denkst, »diese Palme stell ich mir nur vor«, verliert sie einen Großteil ihrer klaren Gegenwart für dich. Der Aufbau von stabilen Tagtraumwelten wird so nicht gelingen!

Das Handeln in der Welt deiner Tagträume ist mit wesentlich geringeren technischen Schwierigkeiten verbunden als das Handeln in der Alltagsrealität. In deiner Tagtraumwelt haben die Gesetze der Welt und die Regeln der Menschen ihre uneingeschränkte Macht verloren. Bei ausreichender Tiefe wird dein Handeln und Erleben im Tagtraum mindestens genauso bewusstseinsecht sein wie dein Handeln und Erleben im Alltag. Und mit der Möglichkeit, einen eigenständigen Handlungsablauf herzustellen, ohne die mannigfachen Ablenkungen, wie sie in der Realität vorkommen, verleihst du deinen Tagträumen einen faszinierenden Reiz.

Übung: Deinen Geist von störenden Gedanken leeren

Lerne, deine Gedanken zu beobachten, ohne dich in ihnen zu verlieren oder einzuschlafen. Die Fähigkeit, den Geist von störenden Gedanken zu befreien, ist für die innere Stabilität und die Einhaltung des Plans deiner Tagtraumexkursion von großer Wichtigkeit!

Stell dir vor, du befindest dich gerade inmitten einer herrlichen Tagtraumhandlung:

Vereinzelte graue Nebelschwaden liegen über dem nächtlichen Wald. Du stehst auf einer von dichtem Unterholz umgebenen Lichtung tief im Gehölz. Um dich herum nur Bäume, Gras und Felsbrocken. Die gelbe Scheibe des Vollmonds taucht die Szenerie in ein fahles Licht. Durch die neblig-würzige Luft hörst du aus der Tiefe des Waldes die schaurig-schönen Rufe einer Eule, während das schüchtern abgehackte Zirpen der Grille im Gras vor deinen Füßen von den pechschwarzen Schatten des Waldes verschluckt wird. Du bist ganz allein. Oder vielleicht doch nicht? Was mag sich dort hinten im Nebel zwischen den mächtigen Baumriesen bewegt haben? Freust du dich? Hast du Angst? Spürst du Panik in dir hochsteigen?

Bedenke, dass sich in deinen Tagträumen störende Gedanken als Teil deiner Tagtraumhandlung manifestieren können. Du hast es in der Hand, ob dort aus dem Schatten des Waldes die Person tritt, von der du dir ein erotisches Abenteuer erwartest, ob ein Mensch auftaucht, den du absolut nicht leiden kannst oder eine Schreckgestalt erscheint, die dir die schlimmsten Albträume deines Lebens beschert.

Die Fähigkeit zur Gedankenkontrolle ist notwendig, um unerwünschte Situationen in deinen Tagträumen zu unterdrücken. Sie ist bei der weiteren Entwicklung und Perfektion deiner Tagträume absolut wichtig. Eine Tagtraumhandlung bleibt nur dann klar und übersichtlich, wenn du Gedanken, die sich dir unerwartet, aber hartnäckig aufdrängen, aus deinem Geist verbannen kannst.

Du solltest der Entwicklung der Kontrolle deiner Gedanken allergrößte Aufmerksamkeit schenken!

Übung: Dein ursprüngliches Lebensgefühl spüren

Um die reiche Fantasie deiner inneren Welt kräftig sprudeln zu lassen, um Änderungen Raum zu geben, ist es notwendig, dass du lernst, wie es ist, ohne Sorgen zu leben, wie es ist, einfach nur zu sein. Spür dein ursprüngliches Lebensgefühl!

Begib dich an deinen Tagtraumort, leg dich hin, und führ dein Tagtraumeingangsritual durch. Behalte in deinem Geist deinen Tagtraumtitel »Ursprüngliches Lebensgefühl«. Du liegst nun da und hast die Augen geschlossen. Etwaige Geräusche in deiner Wohnung oder draußen auf der Straße stören dich nicht. Sie sind jetzt nicht von Bedeutung. Stell dir vor, dass alle Sinnesempfindungen aus deiner Lebenswelt lediglich lästige, aber ansonsten unwichtige Störungen sind, ähnlich dem Knacken oder Rauschen beim Radioempfang, wenn der Sender nicht klar eingestellt ist. Sie verschwinden mit zunehmender Tagtraumtiefe von allein.

Betrachte nun deinen Körper als eine Art Schale oder Haut, aus der du jederzeit herausschlüpfen kannst. Beweg dich leicht in deinem Körper hin und her, dreh dich nach rechts und links, versuch auch zwischendurch eine volle Drehung, beug deinen Tagtraumkörper nach vorne, versuch über deinem Lebensweltkörper zu schweben. Alle Drehungen und Bewegungen beziehen sich nur auf deinen Tagtraumkörper. Dein alltagsweltlicher Körper liegt bei dieser Übung still da und atmet ruhig. Ein außenstehender Beobachter hätte den Eindruck, du schläfst.

Wie fühlt es sich an, wenn du an deinen Körper denkst, an deinen Beruf, deine Sorgen, deine Probleme? Wenn du das Gefühl hast, all das wäre nichts weiter als ein Traum, aus dem du eben erwacht bist, dann befindest du dich in deinem ursprünglichen Lebensgefühl! Merk dir dieses Gefühl.

Die Übung des ursprünglichen Lebensgefühls entspannt und verschafft dir einen deutlichen Abstand zu deinen Alltagssorgen und Lebensproblemen. Sie zeigt dir auch überdeutlich, dass dein Alltagsgefühl des Ich-Bin und Ich-Habe lediglich anerzogene Formen eines kollektiven Traums sind.

Übung: Der Vorplatz deiner Tagtraumwelt

Begib dich wieder an deinen Tagtraumort, und führ dein Tagtraumeingangsritual durch. Erinnere dich an die Übung zu deinem ursprünglichen Lebensgefühl. Dreh dich nach rechts, nach links, führe eine vollständige Drehung durch. Dreh dich nun so lang in deinem Alltagskörper, bis du nicht mehr weißt, was oben und was unten ist und wo du dich überhaupt befindest. All das ist nun nicht mehr wichtig für dich. Auch deine Lage in deinem Zimmer zu den räumlichen Dimensionen des Oben und Unten, Rechts und Links, Vorne und Hinten sind nicht mehr wichtig. Dreh dich immer weiter und vergiss alles: wer du bist, wo du bist, ob du überhaupt bist. Nichts darf mehr sein, an dem du dich festhalten könntest! Es gibt überhaupt nichts mehr für dich, das von Belang wäre. Du hast kein Geschlecht, keinen gesellschaftlichen Status, kein Alter, keinen Körper, der Fragen des Gesund- oder Krankseins aufkommen ließe. Dich interessiert keine Politik mehr und kein Geld. Deine Beziehungen zur Alltagswelt sind vollkommen erloschen. Du *bist* nicht mehr.

Wenn du die Übung ausführlich durchgeführt hast, dann fühlst du dich absolut orientierungslos, fast so wie kurz nach dem Aufwachen aus einem sehr tiefen Schlaf. Keine Angst! Diese Art von Orientierungslosigkeit stellt keine Gefahr für deinen Lebensplan dar, etwa in dem Sinne, dass du später in deinem Leben die Orientierung verlieren würdest. Orientierungslos bedeutet vielmehr reif sein für Neues – und dieses Neue sind deine Tagträume. Um wieder in deine Alltagswelt zurückzukehren, stellst du dir deinen Körper vor, wie er da liegt. In diesen Körper versuchst du nun einzutreten. Sobald du es geschafft hast, bewegst du vorsichtig deine Gliedmaßen, führst dein Auszeitenritual durch, schüttelst und dehnst dich und stehst auf!

Zwar hast du diese drei Übungen zeitlich nacheinander kennen gelernt, sie sind jedoch Elemente *einer* Übung. Diese sieht so aus:

- Befreie dich von deinen Gedanken,
- dreh dich so lange, bis du keine räumliche Orientierung mehr hast, und
- lösch alle Gefühle und Empfindungen, die du noch aus deinem Alltagskörper empfängst.

Auf diese Weise gelangst du zur absoluten Leere. Auch diese solltest du mit einem Ritual einleiten. In der Tagtraumpraxis hat sich hierfür das jeweilige Leerritual bewährt, das heißt du vollführst dein Leerritual und verbindest mit ihm nicht nur eine Löschung deiner Gedanken, sondern auch deiner räumlichen Zuordnungen und körperlichen Gefühle.

Übung zur absoluten Leere

Blockier alle Gedanken, und dräng sie an den Rand deines Bewusstseins. Außer dem Thema deiner aktuellen Tagtraumexkursion darf nichts mehr in deinem Geist sein. Wenn Gedanken kommen wie »Ich sollte jetzt eigentlich im Garten arbeiten« oder »Habe ich die Rechnung an … schon bezahlt?«, dann versuch diese Gedanken aufzulösen.

Sobald du die Gedankenleere hergestellt hast, dreh dich in deinem Körper. Dein ursprüngliches Lebensgefühl ist ein Zwischenschritt zur absoluten Leere. Im Unterschied zum ursprünglichen Seinsgefühl fehlen dem Gefühl der absoluten Leere alle Gedanken und Zuordnungen zur erlebten Situation (zum Beispiel der Gedanke »Ich fühle mich so frei und sorgenlos«). Dreh dich so lange, bis alle deine räumlichen Zuordnungen schwinden. Blockier alle Orientierungsgefühle bezüglich deiner bisherigen Lebenswelt.

Nach erfolgreicher Drehübung löschst du auch noch dein Alltagskörpergefühl. Weis alle Empfindungen aus deinem Alltagskörper zurück. Du darfst nicht mehr wissen, wo du bist, wer du bist, was du bist. Du fühlst nichts mehr, siehst nichts mehr, hörst nichts mehr und denkst nichts mehr. Du bist nichts mehr! Nur dein Tagtraumthema sollte am Rand deines Bewusstseins bestehen bleiben – sozusagen in eingewickelter Form. Aus dem nun entstehenden Zustand der absoluten Leere heraus kannst du dann deine Traumwelt aufbauen.

6. Plan deine Tagträume

In deinen Tagträumen willst du Abenteuer erleben, dir Rat für deinen Alltag holen, dich bei deinem Traumtier ausweinen. Freude, Rat, Erholung sind die Früchte, die du mit in deinen Alltag nimmst. Doch dein Tagtraum wird seinen Zweck nicht erfüllen, wenn du ihm kein klares Ziel gibst, und wenn du nicht den Weg, den deine bunten Fantasien zu diesem Ziel nehmen sollen, sorgfältig planst. Plan deine Tagträume!

Wie du den Tagtraumablauf richtig planst, sodass er dir den Nutzen bringt,

den du von ihm erwartest, und wie du die
häufigsten Fehler beim Planen vermeidest,
lernst du in diesem Kapitel.

Wie sollte ein erfüllender Tagtraum aussehen?

Tagträumen liegt immer ein Thema zu-
grunde, das sich an deinen Wünschen aus
der Wunschliste orientiert. Willst du wieder gesund werden? Willst du dir das
Rauchen abgewöhnen? Willst du deinen
Idealpartner finden, im Beruf aufsteigen
oder eine Weltreise unternehmen? Ganz
gleich, was du in deinen Tagträumen zu
erleben wünschst, welche Anregungen du
mit in deinen Alltag nehmen möchtest, ob

du Hilfe suchst oder Trost oder Erholung oder Glück – jeder Tagtraumwunsch braucht eine Grundlage, auf der er sich verwirklichen kann. Da es sich bei Tagträumen um reine Erlebnisse handelt, kann diese Grundlage nur eine Geschichte sein, die einen ganz bestimmten Inhalt hat. Diesen Inhalt wollen wir die Handlung des Tagtraums nennen.

Um in deinen Tagträumen die Anregungen zu erhalten, die du suchst, musst du deine Wünsche zu einer erlebbaren Geschichte formen. Gestalte die Handlung deiner Geschichte ruhig aus zu einer großartigen Erzählung. Oder gib ihr den Aufbau eines klassischen Dramas mit einer Einleitung, einer Steigerung der Handlung und einem Schluss, der die Lösung eines deiner Probleme beinhaltet. Du kannst deine Tagträume aber auch wie ein modernes Theaterstück aufbauen, sie mit wechselnden Blickwinkeln ausstatten und Ort, Zeit und Personen einen hohen Grad an Unbestimmtheit verleihen. Oder du gibst deinen Tagtraumwelten die Form eines barocken Kunstwerks, gestaltest sie wie ein exaktes Abbild deines Alltagslebens oder machst aus ihnen ein expressionistisches Gemälde. Hab Mut zur Fantasie. Füll deine Auszeiten mit beglückenden Erlebnissen. Eine ansprechende äußere Form, die thematisch zu dem Zweck deines Tagtraums passt, begleitet deine Tagtraumgeschichte mit einem Feuerwerk neuer Aspekte und Ideen.

Der Ablauf von Tagträumen hat immer

die Form einer Handlung. Sie ist der eigentliche Inhalt deiner Auszeit. Auch aus philosophischer Sicht sind Tagtraumerlebnisse in ihrem eigentlichen Sinne Handlungen: Sie haben ein Ziel, auf das sie gerichtet sind, und ihr Ablauf folgt einem zuvor festgelegten Plan. Der im Handlungsplan entworfene Tagtraumablauf wird später in der Praxis des aktuellen Tagtraums verwirklicht.

Mit anderen Worten: Tagträume sind in ihrem Ablauf von dem Vorsatz geleitet, ganz bestimmte Erlebnisse zu haben. Der im Handlungsplan festgesetzte Leitgedanke realisiert sich als Tagtraumerleben. Das heißt, am Anfang deines Tagtraums steht der fantasierte Plan deiner Traumwelt, die sich von dem gegenwärtigen

Hier-und-Jetzt deiner Alltagswelt oftmals drastisch unterscheidet.

Der Übergang von der aktuellen Alltagswelt in die fantasierte Welt des Tagtraums ist gewollt. Er folgt einem Plan, dessen Inhalt in seinen wesentlichen Bezügen bereits feststeht, bevor der Tagtraum beginnt. Das heißt, um einen konkreten Tagtraum erleben zu können, muss man den Ablauf dieses Tagtraums, seine Handlung also, zuvor planend festgelegt haben.

Der Handlungsrahmen, in dem dein Tagtraum spielen soll, enthält

- die räumlichen Bedingungen: Wo soll die Handlung deines Tagtraums ablau-

fen? In einem Zimmer? Am Strand? Im
Wald? Auf einem Raumschiff?

- die zeitlichen Bedingungen: In welcher
Zeitepoche spielt sich dein Tagtraum
ab? In der Jetztzeit? In der Vergangen-
heit? In der Zukunft? Welche Tages-,
Wochen- und Jahreszeit hast du in deinem Handlungsplan vorgesehen?

- die ursächlichen Bedingungen: Wie bist
du in deine Tagtraumsituation geraten?
Wieso kannst du in deinem Tagtraum
fliegen? Welche physikalischen Gesetze
und sozialen Regeln gelten in deiner
Tagtraumwelt?

Wie du Spannung und Leben
in deinen Tagtraumplan bringst

Tagträume sollen Freude machen. Sie sollen mitreißend sein, erfrischend, erholsam, faszinierend. Gestalte deinen Tagtraumplan lebendig. Heb Passagen, die Konflikte, Gegensätze oder Widerstände beinhalten, deutlich hervor. Dein Tagtraum darf auf keinen Fall langweilig werden. Flach, langweilig und leblos sind Tagträume, wenn sie keine Passagen beinhalten, die sich auf deine persönlichen Konflikte beziehen. Ein Tagtraum ohne Spannung und Erregung wird dir keine Freude bereiten und nur mit Mühe zu praktizieren sein.

Konflikte entstehen, wenn deine Wünsche auf Widerstände treffen. Du kannst dich hierbei ruhig an den Abläufen deiner Alltagswelt orientieren – nur mit dem Unterschied, dass du jetzt Schicksal oder Gott spielen darfst: Stürz dich in einen aussichtslosen Kampf, und beweis dir und den anderen Tagtraumfiguren, wie mächtig du bist. Schlüpf in die Rolle des Kapitäns der Titanic, und bewahr das Schiff vor dem Untergang. Verwandle mit deiner Liebe und deinem Charme ein scheußliches Monster in einen bezaubernden Menschen.

Ein guter Tagtraum ist ein Kunstwerk aus einem Gespinst vielfältiger Erlebensfäden. Hier hast du einige wichtige Zutaten zu einem erfüllenden Tagtraum:

Detailreichtum; Wiederholung beson-

derer emotionaler oder interessanter Passagen; gelegentliche Übertreibungen; Konflikte, Feinde und Helfer; eigene Stärken
und Schwächen.

7. Die Praxis erfüllender Tagträume

Jeder Tagtraum bietet dir ungeahnte Reichtümer. Du kannst glückselige Tagträume während der Hauptgeschäftszeit auf einer Bank inmitten der belebten Fußgängerzone praktizieren, auf einer Lichtung im Wald oder während einer unwichtigen Vorlesung an der Uni. Prinzipiell brauchst du für deine Tagträume nichts weiter als *dich*!

Manchmal ist es jedoch ganz günstig, wenn du das eine oder andere Utensil zur Hand hast, das dir deinen Tagtraumbeginn erleichtert, dir zusätzliche Anregungen zu deinem Tagtraumthema gibt oder das dir ganz einfach nur hilft, die Außenwelt *auszusperren*.

Betrachte die folgenden Vorschläge als Anregungen. Du weißt, deine Fantasie entscheidet!

● Deine Wunschliste und ein Stift:
Wenn du deine Wunschliste auswendig gelernt hast und dann weggeworfen hast, dann notier dir deine Lieblingswünsche in Kürzeln, die für andere Menschen nicht zu entziffern sind. Die Wunschliste brauchst du für die Erstellung deiner Tagtraumentwürfe, also des geplanten Tagtraumablaufs. Du solltest sie problemlos in einer Hosen- und Jackentasche unterbringen können, um sie mit in den Wald, an

den Strand oder ins Restaurant zu nehmen.

- Literatur über dein Tagtraumthema, Bücher, Fotografien und Videos:

Orientier die Handlung deiner Tagträume ruhig an bereits existierenden Geschichten. Spiel Filmszenen nach. Erleb dich im Handlungsfeld eines Romans, und überleg dir, was du an Erfahrungen mit in den Alltag nehmen kannst. Schmück sowohl deinen Tagtraumort als auch deine Tagtraumwelt mit Details, die einen thematischen Bezug zu deinem Tagtraumstoff haben.

- Eine Musikquelle:

Besorg dir für deinen Tagtraumort einen Kassettenrekorder oder CD-Player. Mit einer Klang- und Schalluntermalung kannst du besonders in oberflächlichen Tagträumen das richtige Situationsgefühl hervorrufen.

● Düfte, Parfüms, Seifen:
Der Geruchssinn steht in einem sehr ursprünglichen Zusammenhang mit dem Situationserleben. Gerüche können vor deinem geistigen Auge ganze Erlebensbereiche entstehen lassen.

● Eine Kleinigkeit zum Essen und Trinken.

● Reisebücher und Unterlagen von Reisen, die du gemacht hast, und von Reisen, die du planst.

8. Wenn Probleme in deinem Tagtraum auftauchen

Aus dieser Aufzählung lassen sich bereits die grundsätzlichen Reaktionen auf Probleme in deiner Tagtraumwelt ableiten; sie sind von einer Vielzahl von Personen erprobt:

- Du kannst mit den Mitteln deiner Alltagswelt das Problem lösen. Wenn beispielsweise vor dir eine rote Ampel auftaucht, dann kannst du ganz ruhig warten, bis die Ampel auf Grün schaltet.
- Du kannst in deinem Wissensvorrat nach der Ursache des Problems fahn-

den, zum Beispiel indem du dir in deinem Tagtraum einen Menschen vorstellst und ihn fragst. Frag auch Tiere, Pflanzen und Steine. Erschaff dir einen allwissenden Geist, den du in schwierigen Situationen herbeirufen kannst.

- Du kannst Hürden und Begrenzungen in deinem Tagtraum auch einfach ignorieren. Besonders Zweifel, die sich vor einer Entscheidungssituation aufbauen, verschwinden nach der Entscheidung von selbst.

Angst während des Tagtraums?

- Nähere dich deiner Angst. Such sie und stumpf dich gegenüber angstauslösenden Tagtraumsituationen ab. Gib dich deiner Angst hin. Recht schnell verschwindet die Angst und macht anderen Gefühlen Platz: Zorn und Langeweile. Zorn, weil vergangene Ängste nun unbegründet erscheinen, Langeweile, weil die Situation nichts Neues mehr zu bieten hat.

- Bau dir einen mächtigen Beschützer auf. Wenn du viel tagträumst und in deinen Tagträumen häufig nach neuen Ideen für deine Alltagswelt suchst, können dir Tagtraumfreunde eine große Hilfe sein: der Baum, über dessen

Rinde du zuweilen bei Waldspazier-
gängen zärtlich mit deiner Hand
streichst; der Vogel; die weise alte Frau:
Versuch ihnen in deinen Tagträumen
zu begegnen. Bitte sie um Hilfe.

- Beende den ganzen Tagtraum, wenn es
zu unangenehm für dich wird.

9. Beispiele für verschiedene Tagtraumarten

Aus deinem Bett
eine Liege am Strand machen

Dieser Tagtraumvorschlag bezieht deine Alltagsumwelt mit ein. Als Vorbereitung richtest du deinen Tagtraumort so ein, dass er dich an einen tropischen Strand erinnert. Stell Palmen auf. (In Baumärkten gibt es hübsche und zugleich preiswerte künstliche Exemplare.) Schmück sie mit bunten Lichterketten. Häng Bilder mit Strandmotiven auf oder projizier ein Farbdia mit einem Strandmotiv an die Wand.

Mix dir einen fruchtigen Cocktail. Wenn es draußen kalt ist, dann mach es dir an deinem Tagtraumort wohlig warm. Spiel CDs mit Strandgeräuschen, Wellengeräuschen oder südländischen Klängen. Versprüh Meeresduft-Parfüm.

Nun leg oder setz dich an deinen Tagtraumort, führ dein Auszeiteingangsritual durch, und genieß die wundervolle Strandatmosphäre.

Spür den Sand unter deinem Rücken. Schließ deine Alltagsaugen, und öffne deine Tagtraumaugen. Erfreu dich am Blau des Himmels, am Grün der Vegetation und am Grünblau des Meeres.

Beende deinen Tagtraum mit deinem Auszeitendritual.

In öffentlichen Verkehrsmitteln

Im Bus, im Zug und in der U-Bahn kannst du recht gut tagträumen. Allerdings hängt deine Tagtraumtiefe von einer Reihe äußerer Faktoren ab: Wenn du dich setzen kannst, erreichst du intensivere Tagträume als wenn du stehen musst. Bei längeren Fahrten wird dein Tagtraum harmonischer verlaufen als bei kurzen.

Öffentliche Verkehrsmittel eignen sich hervorragend zur Einübung der Vorstellung menschlicher Gesichter: Sieh dir eine Person an, präg dir die Gesichtszüge ein, und schließ die Augen. Bewahr das Bild des betrachteten Gesichts vor deinem inneren Auge so deutlich, klar und leuchtend wie möglich. Wenn du möchtest, dass die Person eine Rolle in deinen Tagträumen spielt, dann kannst du sie dir an deinem Tagtraumort vorstellen und in deinen Tagtraumplan einbinden.

Flirts und Liebeleien

Jede Kontaktaufnahme mit einem Menschen birgt die Gefahr der Zurückweisung. Willst du die zärtliche Annäherung üben ohne das beunruhigende Gefühl möglicher Enttäuschung im Nacken, dann üb sie in Form realistisch-klarer Tagträume. In einem realistisch-klaren Tagtraum brauchst du keine Zurückweisungen zu fürchten. Du selbst bestimmst deine Traumhandlung in allen ihren Einzelheiten. Du bestimmst daher auch die Aktionen und Reaktionen deiner Tagtraumpartner. Also keine Angst vor Zurückweisungen bei deinen Liebestagträumen!

Entwirf deine Tagtraumhandlung. Als räumliche Umwelt für Tagtraumflirts und Tagtraumliebeleien wähl zunächst eine Tagtraumvision deiner Alltagswelt. Als Tagtraumpartner wählst du Menschen, die du aus deinem Alltagsleben kennst: Arbeitskollegen, Nachbarn, flüchtige Bekannte oder Personen der Öffentlichkeit wie Filmschauspieler, Filmhelden oder Personen aus der Politik. Durch eine Tagtraumhandlung innerhalb bekannter räumlicher und personeller Strukturen ersparst du dir zunächst die Dreifachbelastung, neben der Einleitung einer erotischen Handlung auch noch fremde Umgebungen und fremde Personen erschaffen zu müssen.

Teste in deiner sinnlichen Tagtraumhandlung, wie du beim Flirten wirkst. Erleb die unterschiedlichsten Arten von Erotik, angefangen mit zarten Flirts bis hin zu wilden Knutschereien. Erfühl deinen Idealpartner. Durchlauf mit ihm Tagtraumzärtlichkeiten. Überleg dir, ob du mit ihm eine Nacht verbringen möchtest, eine Woche, einen Urlaub, ein ganzes Leben.

Alle deine Talente für deine Lebenswelt nutzen

Mach deine Tagträume zu einem Sprungbrett in deine Alltagswelt. Entwirf vor wichtigen Entscheidungen unterschiedliche Tagtraumszenarien, in denen du die verschiedenen, deiner Meinung nach möglichen Zukunftsentwicklungen durchspielst. Fass den dazugehörigen Tagtraumplan nicht zu eng. Lass den Tagtraumabläufen genügend Freiraum, sodass sich auch Entwicklungen zeigen können, an die du in deiner Planung nicht gedacht hast. Eben solche nicht vorhergesehenen Entwicklungen sind dann der eigentliche Schatz, den du mit in dein Alltagsleben nimmst.

Nutz die Ressourcen deiner Fantasie. Jeder Mensch hat weit mehr Fähigkeiten und Talente, als ihm bewusst ist und als in seinem aktuellen Alltagsleben zum Vorschein kommt. Tagträume sind ein wichtiges Instrument, um alle deine Talente aufzuspüren.

Wenn du zwar dein Ziel kennst, dir aber nicht klar ist, wie der Weg dahin aussieht, dann kannst du die Methode des »Als-Ob« anwenden. Betrachte deine Ziele, und überleg dir (in einem oberflächlichen Tagtraum), welche Voraussetzungen zur Zielerreichung (im Tagtraum!) geführt haben. Wäg ab, welches Verhalten hilfreich für den Erfolg in deiner Alltagswelt sein könnte, und teste dieses Verhalten zunächst in deiner Tag-

traumwelt. Fahnde in deinen Tagtraum-
geschichten nach Bestandteilen deines
Verhaltens, die für den Lebenserfolg und
deine Gesundheit eher hinderlich sind,
und lösch sie in deinem Alltagsverhalten.
Auf diese Weise kannst du auch erlernte
Einschränkungen aufspüren und überwin-
den. Beende Verhalten, das deinen Lebenszielen abträglich ist. Ersetz es in deinen Tagträumen durch Handlungsweisen,
die deinen Lebenszielen nutzen. Übertrag
das neue Verhalten auf dein Alltagsleben.

10. Tagträume – der Weg in dein persönliches Paradies

Tagträume sind ein sicherer Weg in dein persönliches Paradies. Ein Paradies, das du weder auf einer Landkarte findest noch bei einem Reiseveranstalter buchen kannst. Dein persönliches Paradies ist vielmehr eine Ausdrucksform deines eigenen Erlebens. Und dazu gehören du und deine Umwelt: Dein Paradies ist die Folge eines optimalen Zusammenspiels zwischen dir und deinem Lebenskreis. Doch dieses optimale Zusammenspiel kommt nicht von allein. Du musst dich dafür anstrengen, etwas dafür tun! Deine Tagträume weisen dir den Weg dorthin.

Tagträume öffnen weit das Tor in das Land deiner Fantasien. Was du entdeckst, sind die Reichtümer deiner eigenen Kreativität. Du erfährst sie in Form erstrebenswerter Ziele, als Ideen zur Bereicherung deines Alltags und als Kraft und Motivation für ein erfülltes Leben. Du lernst deine Gesundheit zu verbessern, Fröhlichkeit in deine Partnerschaft zu bringen und mit Freude an deiner Karriere zu bauen.

Mach deine Tagträume zu dem Garten deiner Wünsche. Schöpf aus dem reichhaltigen Schatz an Strategien und Lösungen für deinen Alltag.

Entdecke Antworten auf Fragen, die zu stellen du schon seit langem aufgegeben hast. Finde Heilung für Gebrechen, mit denen du dich schon seit langem abgefunden hast. Erobere dir den Teil deines Lebens zurück, den du bereits für immer verloren glaubtest.

Werde zu einem kompetenten, lebensbejahenden und erfolgreichen Individuum. Der Zugang zu dem Schatz deiner Tagträume gibt dir die Qualifikation darüber.

Quellennachweis